新版

楷书写春联

梁光华 主编

广西美术出版社

对联，雅称“楹联”，俗称“对子”。它言简意深，对仗工整精巧、平仄协调，是我国特有的文学形式。可以说，对联艺术是中华民族的文化瑰宝。

春联是老百姓描绘时代风貌、抒发新年美好愿望的一种艺术形式，是中华民族优秀传统文化的重要组成部分。春联相传起源于五代，而贴春联的习俗推广于宋代，在明代开始盛行。到了清代，春联的思想性和艺术性都有了很大的提高，而到了现代，春联更是被赋予新的时代内涵，用以反映时代进步的风貌，为广大群众所喜爱。

每逢春节，无论是城市还是农村，家家户户都要精选一副大红春联贴于门上，为节日营造喜庆气氛。贴春联被当成过年的重要风俗之一，人们借春联抒发自己的喜悦心情，表达对新年新气象的美好祝福与憧憬。写春联，不仅寄寓了老百姓祈福送喜、追求幸福生活的朴素愿望，而且对提高个人文化修养、丰富人们的文化娱乐生活、弘扬我国传统文化起到了积极的作用。

春联通常以隶书、行书、楷书三种字体书写，内容通俗易懂，它将中国书法艺术与春节传统完美地结合在一起，既具有艺术欣赏性，又具有生活实用性。老百姓自己动笔写春联，是一种健康向上的文化活动，怡情养性之余又给生活增加了不少乐趣。本书涵盖通用联、农家联、经商联、生肖联等多种对联形式，贴近人们生活，反映民间风俗，表达了人民渴望祈福消灾、国泰民安、六畜兴旺、五谷丰登、家庭欢乐等美好愿望，满足广大群众在日常生活中的不同需要。

目 录

一、横批

1.通用

一帆风顺

福满人间

纳福迎祥

春回大地

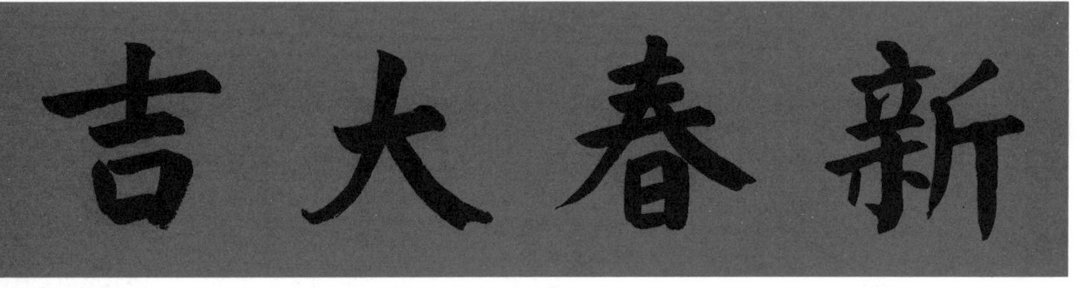

新春大吉

安居乐业

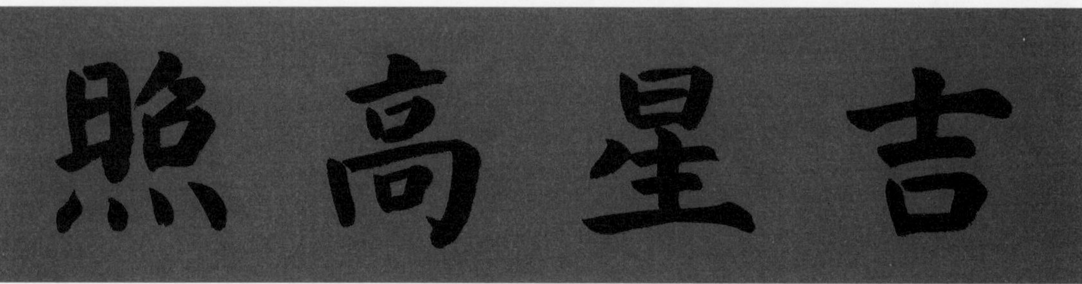

吉星高照

万事随心

万事如意

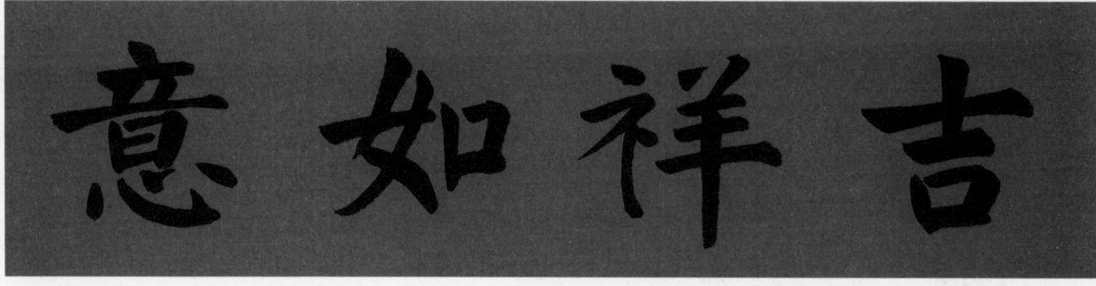

吉祥如意

物华天宝

五福四海

喜气盈门

门迎百福

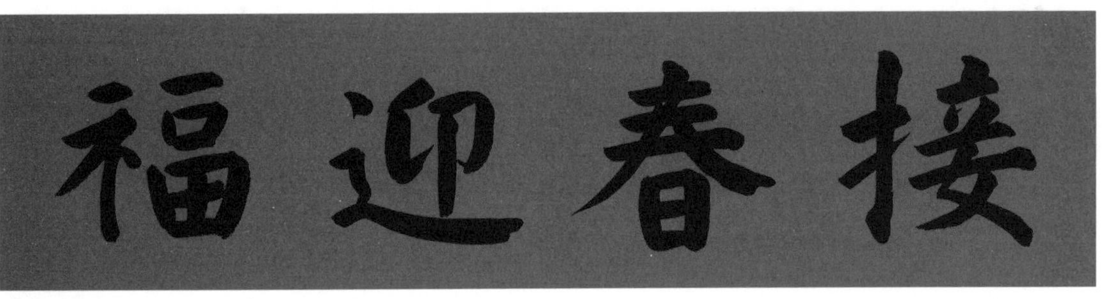

接春迎福

合家欢乐

瑞气满堂

红日永照

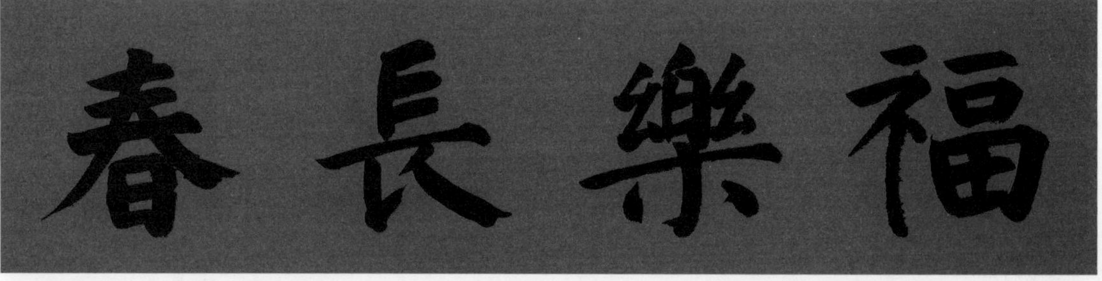

福乐长春

万事亨通

勤劳致富

人勤春好

五谷丰登

春华秋实

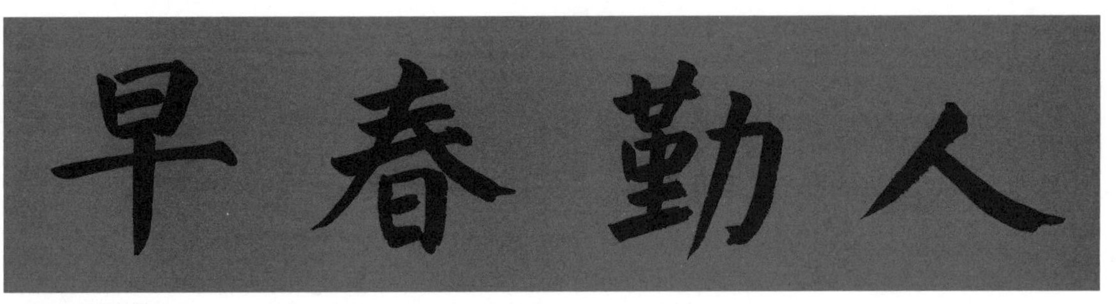

人勤春早

春满人间

风调雨顺

一心耕耘

人心欢畅

家家顺心

财源广进

盈余得利

礼貌经商

财源似水

四方来宝

四季兴隆

和氣生財

和气生财

店滿春風

店满春风

興旺發達

兴旺发达

生財有道

生财有道

1. 通用联

財如旭日騰雲起

富似春潮帶雨來

财如旭日腾云起　富似春潮带雨来

财源广进平安宅　福水长流幸福家

財源茂盛家興旺

财源茂盛家兴旺　富贵平安福满堂

福气临门招百福　祥光入户纳千祥

春到人间绿铺路　福满乾坤红吐蕊

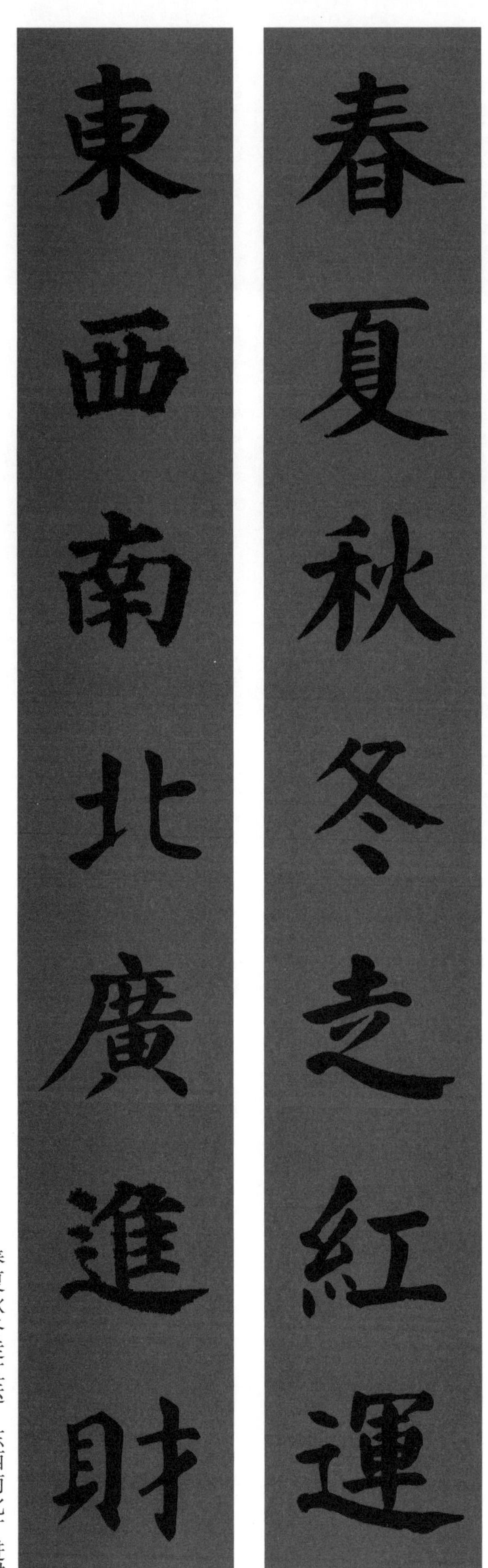

春夏秋冬走红运　东西南北广进财

東來紫氣西來福

南進祥光北進財

东来紫气西来福　南进祥光北进财

東進金銀西進寶

內添福祿外添財

东进金银西进宝　内添福禄外添财

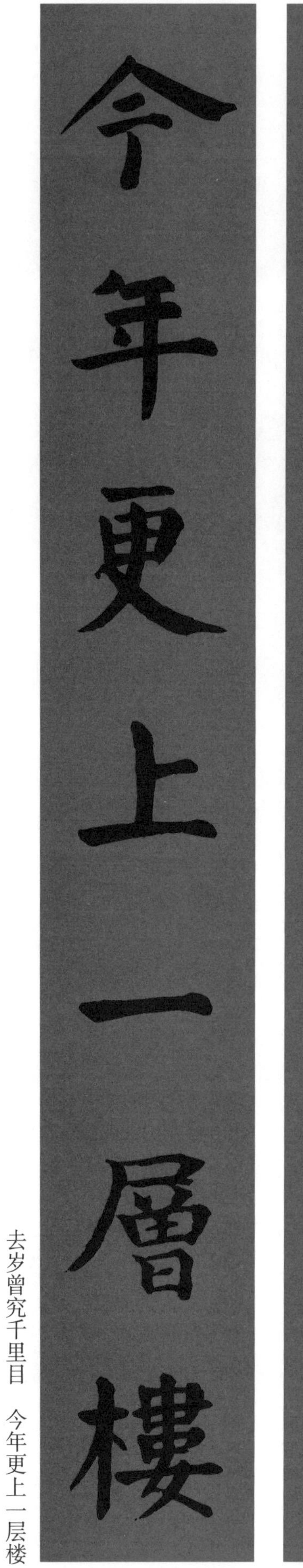

去岁曾究千里目　今年更上一层楼

千门共贴宜春字　万户同张换岁符

花開富貴家家樂

喜慶吉祥歲歲歡

花开富贵家家乐　喜庆吉祥岁岁欢

花開富貴年年好

竹報平安月月圓

花开富贵年年好　竹报平安月月圆

绿柳迎春歌富岁　红梅破雪兆丰年

大地春风温我宅　中天日丽到吾家

向阳村舍春光媚　和睦人家幸福多

向陽村舍春光媚

风和日丽春常驻　人寿年丰福永存

碩果累累辭舊歲
歌聲陣陣慶新年

硕果累累辞旧岁　歌声阵阵庆新年

大地時時騰紫瑞
春風處處醉芳菲

大地时时腾紫瑞　春风处处醉芳菲

国逢安定百事好　时际芳春万象新

人寿年丰家家乐　国泰民安处处春

五湖四海皆春色　万水千山尽朝晖

喜看三春花千树　笑饮丰年酒一杯

天上明月千里共

人间春色九州同

天上明月千里共　人间春色九州同

春風輕拂千山緑

旭日東升萬里紅

春风轻拂千山绿　旭日东升万里红

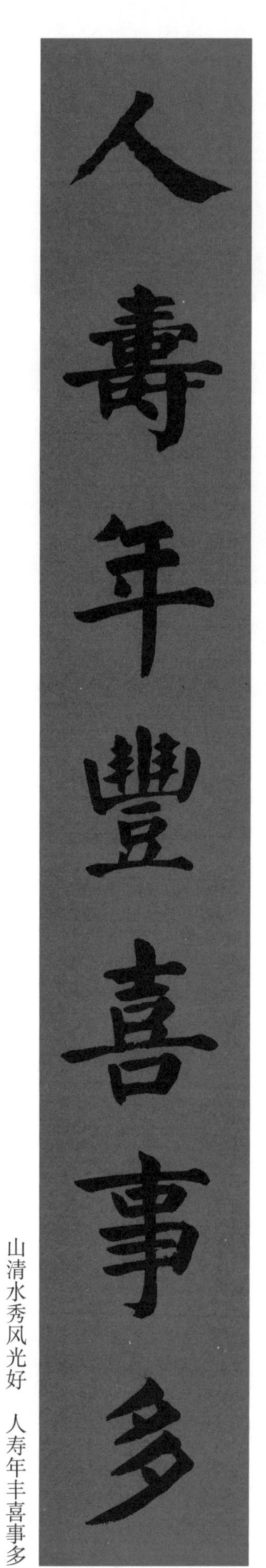

山清水秀风光好　人寿年丰喜事多

冬去犹留诗意在　春来身入画图中

花承朝露千枝發

鶯感春風百囀鳴

花承朝露千枝发　莺感春风百啭鸣

高天冬去蘇萬物

大地春回放面花

高天冬去苏万物　大地春回放面花

和氣平添春色藹

祥光常與日華新

和气平添春色蔼　祥光常与日华新

腊梅吐芳迎紅日

緑柳展枝舞春風

腊梅吐芳迎红日　绿柳展枝舞春风

春回大地千峰秀　日暖神州万木荣

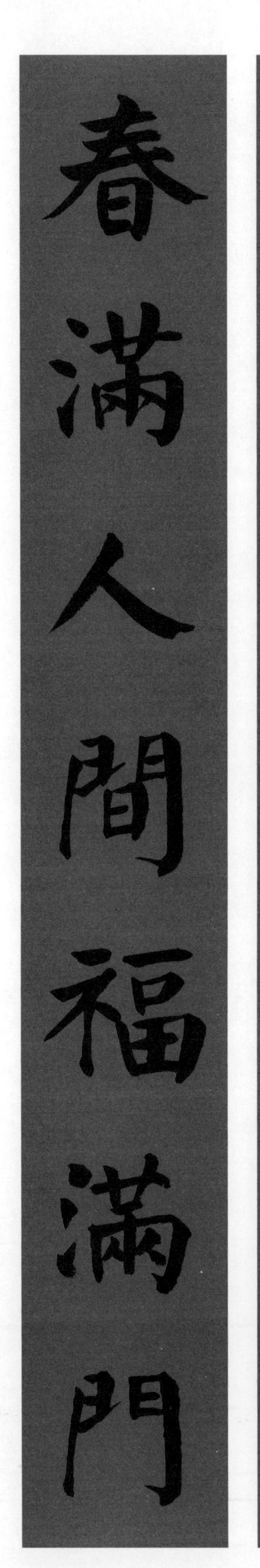

天增岁月人增寿　春满人间福满门

碧岸雨收鶯語柳

藍天日暖玉生香

碧岸雨收莺语柳　蓝天日暖玉生香

旭日融和開柳眼

春風搖曳送鶯喉

旭日融和开柳眼　春风摇曳送莺喉

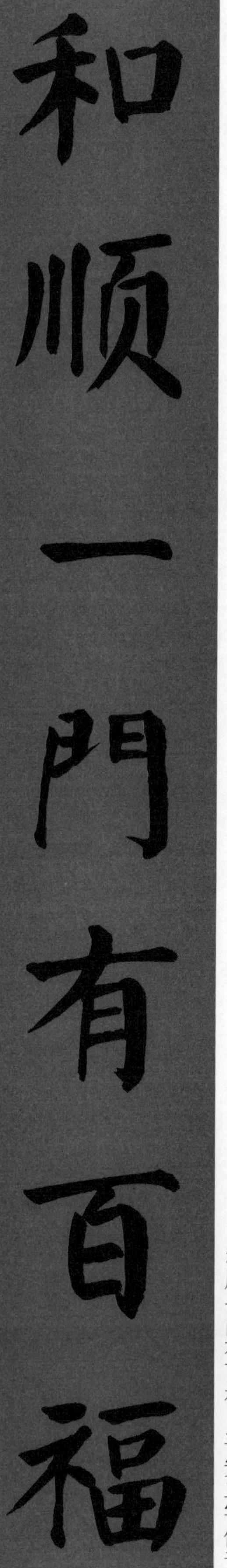

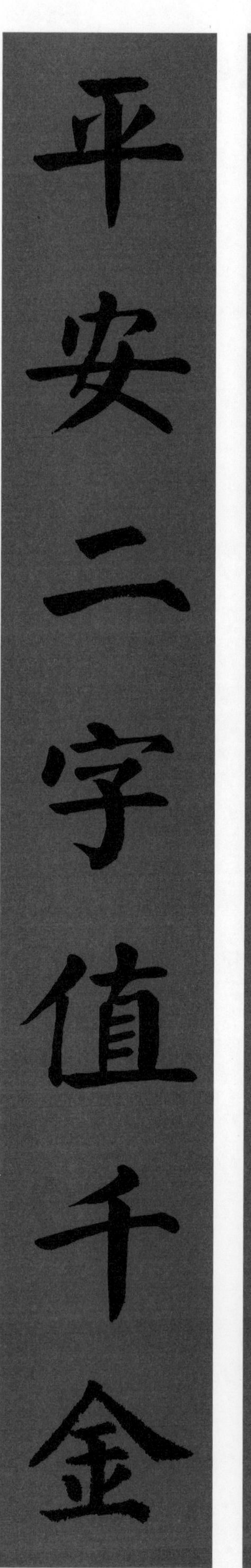

和顺一门有百福　平安二字值千金

处处桃花频送暖　年年春色去还来

百世歲月當代好

千古江山今朝新

百世岁月当代好　千古江山今朝新

一年四季春常在

萬紫千紅永開花

一年四季春常在　万紫千红永开花

爆竹聲中除舊歲

梅花香裏報新春

爆竹声中除旧岁　梅花香里报新春

吉祥如意人增寿　道德清心福满门

五湖四海皆春色

萬水千山盡得輝

五湖四海皆春色　万水千山尽得辉

進宅平安照福星

出门大吉行鸿运　进宅平安照福星

丹鳳呈祥龍獻瑞

紅桃賀歲杏迎春

丹凤呈祥龙献瑞　红桃贺岁杏迎春

一年好运随春到　四季彩云滚滚来

年年順景財源廣

歲歲平安福壽多

年年顺景财源广　岁岁平安福寿多

一帆风顺年年好　万事如意步步高

春到百花香滿地

春到百花香满地　时来万事喜临门

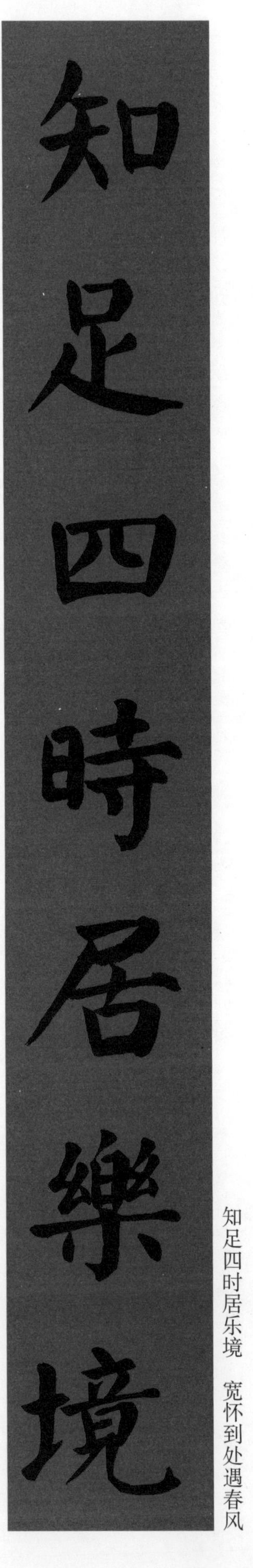

知足四时居乐境　宽怀到处遇春风

春雨知時滋萬物

紫陽有意暖千家

春雨知时滋万物　紫阳有意暖千家

千门万户曈曈日　总把新桃换旧符

歡歡喜喜辭舊歲

高高興興過新年

欢欢喜喜辞旧岁　高高兴兴过新年

东风浩荡四时泰　春日融和万象新

家增財富人增壽

春在田間喜在心

家增财富人增寿　春在田间喜在心

家庭幸福平安日

經濟繁榮大有年

家庭幸福平安日　经济繁荣大有年

家驻春风长日乐　门迎曙色满堂新

日月光华临画栋　山川环拱映雕栏

家庭溫馨人高壽

生活富裕福永存

家庭温馨人高寿　生活富裕福永存

金風入樹千門曉

銀漢橫空萬象清

金风入树千门晓　银汉横空万象清

吉祥草發親仁里

吉祥草发亲仁里　富贵花开画锦堂

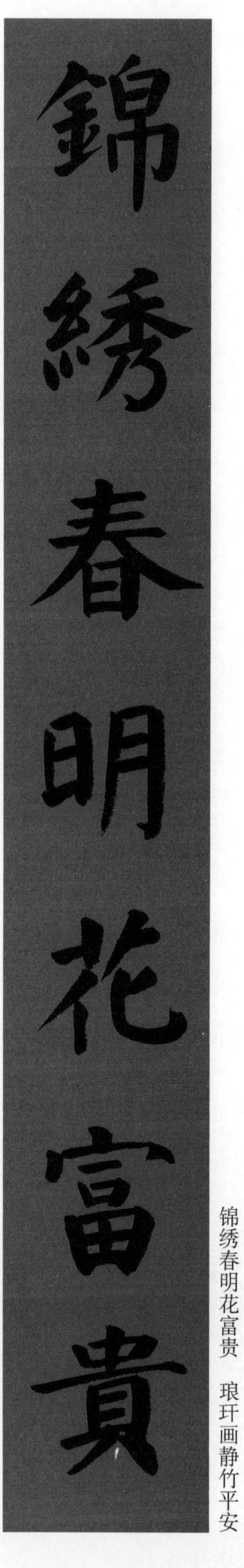

锦绣春明花富贵　琅玕画静竹平安

合家歡樂財源進

內外平安好運來

合家欢乐财源进　内外平安好运来

門迎曉日財源廣

戶納春風吉慶多

门迎晓日财源广　户纳春风吉庆多

好景常在富贵家　福星永照平安宅

好景常在富貴家

福星永照平安宅

户满春风春满户　门盈喜气喜盈门

戶滿春風春滿戶

門盈喜氣喜盈門

读可荣身耕得粟　勤能致富俭恒丰

處世惟存地步寬

居家自有天伦乐　处世惟存地步宽

春安夏泰人長壽

秋福冬祥家進財

春安夏泰人长寿　秋福冬祥家进财

除腊一杯辞旧岁　迎春千盏接新年

春到福到吉祥到 家和人和万事和

春風春雨春光好

新歲新年新事多

春风春雨春光好 新岁新年新事多

雲湧吉祥風吹和順

花開如意竹報平安

云涌吉祥风吹和顺　花开如意竹报平安

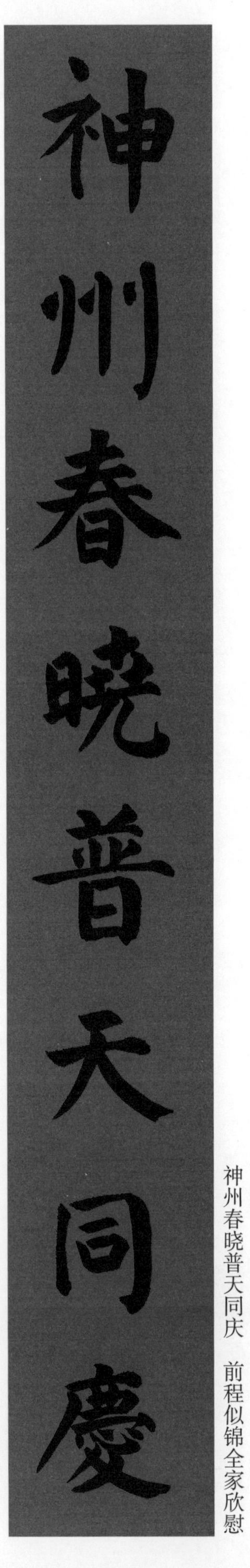

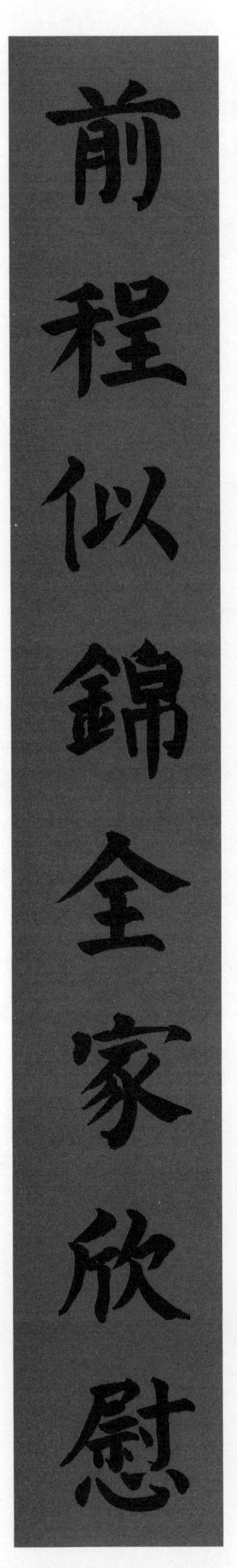

神州春晓普天同庆　前程似锦全家欣慰

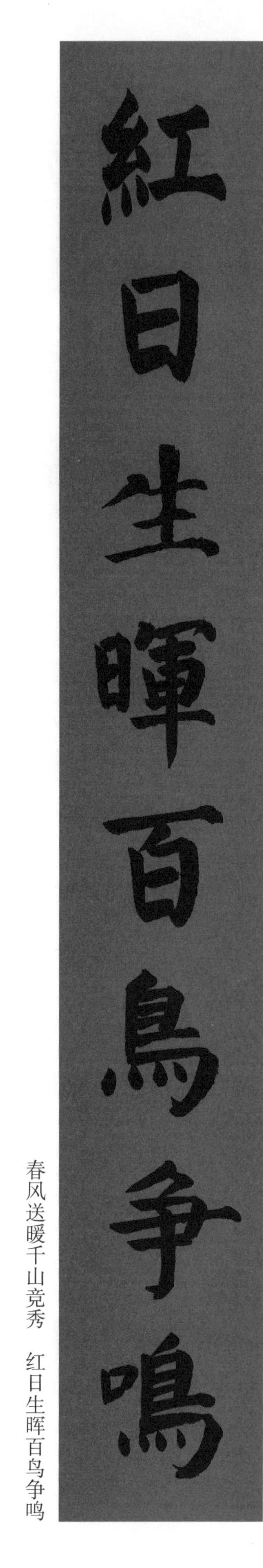

春风送暖千山竞秀　红日生晖百鸟争鸣

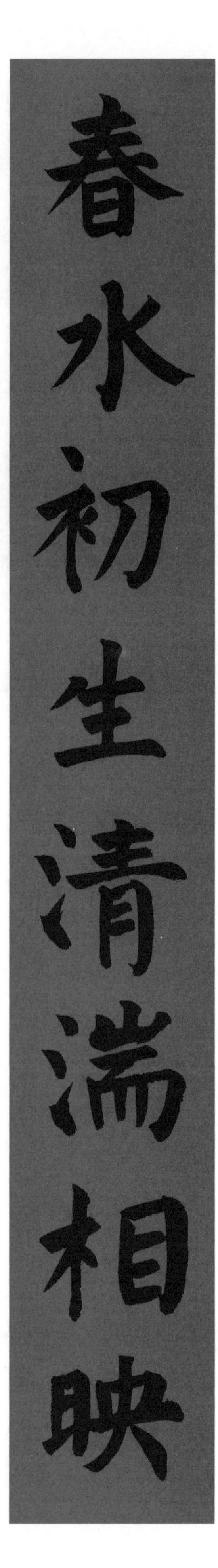

春水初生清湍相映　和风时至盛地同临

百業興隆欣逢盛世

萬民歡悅喜迎新春

百业兴隆欣逢盛世　万民欢悦喜迎新春

春風鼓物一氣含和

明月在林万枝凝碧　春风鼓物一气含和

雪霽欣江山紅裝素裹

風和喜大地翠點花飛

雪霁欣江山红装素裹　风和喜大地翠点花飞

紅艷將流階前滿春色

蒼翠欲滴户外盡山光

红艳将流阶前满春色　苍翠欲滴户外尽山光

改革花盛開山歡水笑

開放路寬廣國富民强

改革花盛开山欢水笑　开放路宽广国富民强

風調雨順四海慶昇平

政通人和九州开泰运　风调雨顺四海庆升平

大地回春花千树　东风送暖果万枝

人财两旺福禄寿　宝地祥光富贵春

多福多财多光彩　好年好景好收成

大地回春果正繁　东风送暖花先发

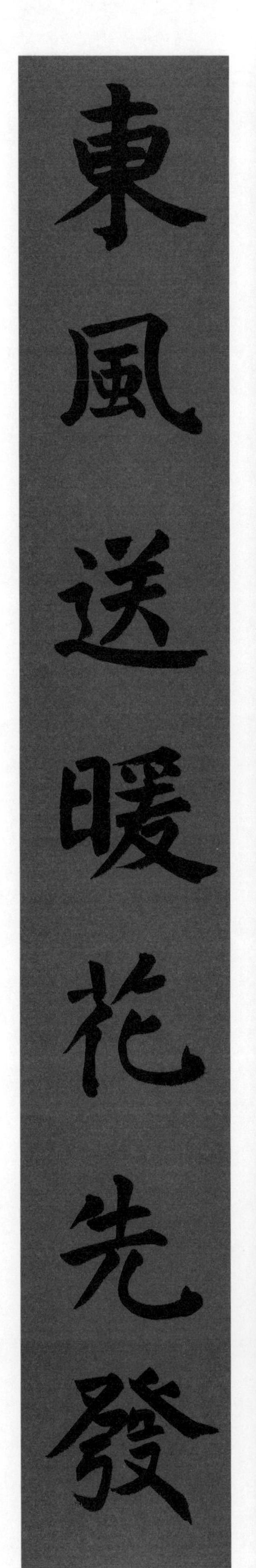

勤儉人家千載富

吉祥門第萬年春

勤俭人家千载富　吉祥门第万年春

勤儉持家能致富

辛勞創業好脫貧

勤俭持家能致富　辛劳创业好脱贫

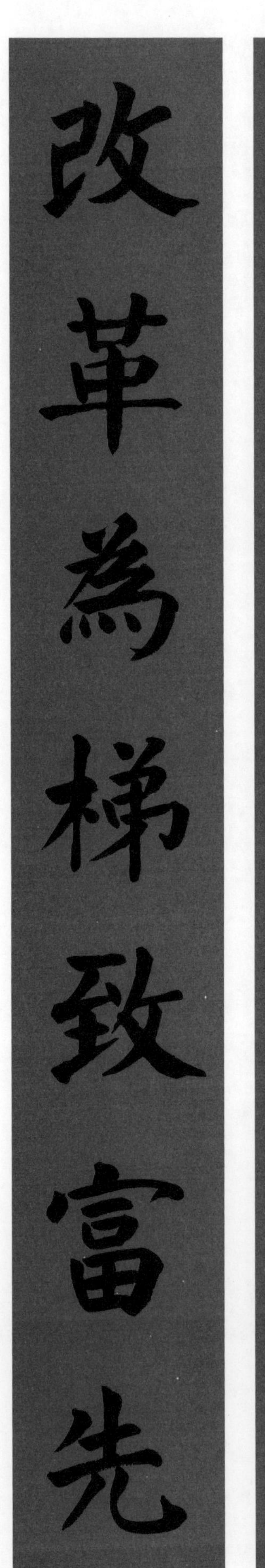

勤俭是径脱贫早　改革为梯致富先

勤劳动丰衣足食　讲卫生益寿延年

勤劳俭朴心灵美　礼让谦诚品德高

勤劳门第春常在　和睦人家福自来

勤勞門第春常在

勤劳门第春常在　节俭人家福早临

勤劳致富摇钱树　节俭持家聚宝盆

勤勞人家春永駐

幸福門庭富水長

勤劳人家春永驻　幸福门庭富水长

勤勞人創千秋業

幸福花開萬里香

勤劳人创千秋业　幸福花开万里香

勤勞致富年年富

艱苦創新日日新

勤劳致富年年富　艰苦创新日日新

勤劳院落盈福寿　节俭人家溢瑞祥

豐衣足食千家樂

麗日和風百花嬌

丰衣足食千家乐　丽日和风百花娇

勤能補拙勤興業

儉可養廉儉起家

勤能补拙勤兴业　俭可养廉俭起家

丰收年景丰收乐　遍地春风遍地歌

丰年淑景农家乐　大业宏图国运长

丰收根扎勤劳户　富裕花开俭朴家

緑野青疇處處春

丰衣足食人人乐　绿野青畴处处春

朵朵紅花因日艷

朵朵红花因日艳　条条富路为民开

户户欣開幸福花

村村喜结丰收果　户户欣开幸福花

門前春色萬千景

窗外梅花三兩枝

门前春色万千景　窗外梅花三两枝

鵲唱春枝歌盛世

龍騰大地慶豐年

鹊唱春枝歌盛世　龙腾大地庆丰年

林木成蔭無山不綠

溝渠結網有水皆清

林木成荫无山不绿　沟渠结网有水皆清

布谷鸣春人勤物阜　瑞狮舞彩国富年丰

日照柳堤鶯飛芳草緑

春來漁港水暖魚兒肥

日照柳堤莺飞芳草绿　春来渔港水暖鱼儿肥

春耕沃土翻起千層浪

日照神州稻海涌金波

春耕沃土翻起千层浪　日照神州稻海涌金波

3. 经商联

展鸿图年年得意　创伟业事事顺心

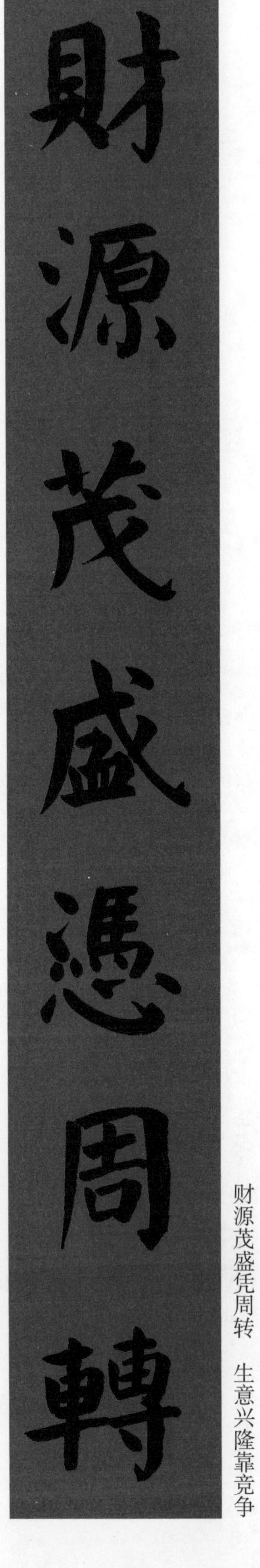

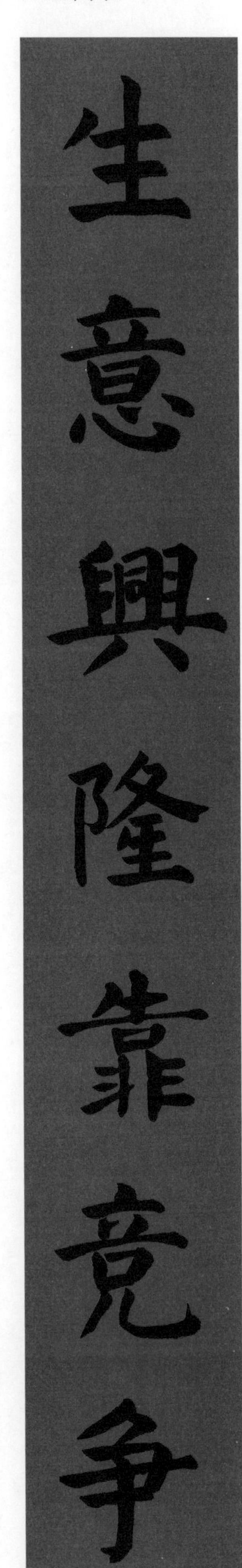

财源茂盛凭周转　生意兴隆靠竞争

風水寶地千財旺

天順人和萬事興

风水宝地千财旺　天顺人和万事兴

展鴻圖興旺發達

創大業萬星生輝

展鸿图兴旺发达　创大业万星生辉

事業有成步步高

財源廣進年年發

事业有成步步高　财源广进年年发

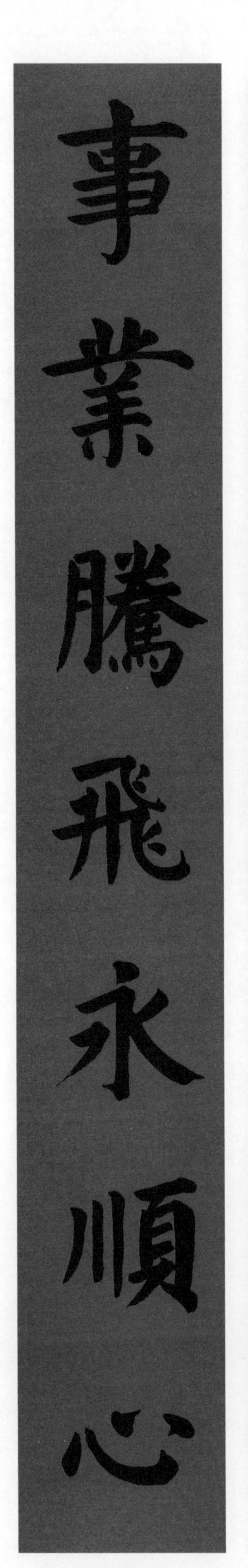

天赐良机前程锦　事业腾飞永顺心

登山靠左右兩腿

創業憑上下一心

登山靠左右两腿　创业凭上下一心

誠信經營多得利

公平交易永生財

诚信经营多得利　公平交易永生财

根深葉茂無疆業

根深叶茂无疆业　源远流长有道财

店堂多备时新货　营业加强责任心

貴才貴德貴誠信

和仁和智和乾坤

贵才贵德贵诚信　和仁和智和乾坤

百般貨色財源廣

滿面春風顧客多

百般货色财源广　满面春风顾客多

顧客四方傳美譽

顾客四方传美誉　柜台三尺有新风

新春大吉鸿运开　遍地流金广财进

花開時節店如錦
客至櫃檯喜若春

花开时节店如锦　客至柜台喜若春

善性經營多得利
良心交易永生財

善性经营多得利　良心交易永生财

經商信用通千國
營業仁風達五洲

经商信用通千国　营业仁风达五洲

貨向萬人千戶送
門朝四海五湖開

货向万人千户送　门朝四海五湖开

開源能引千泓水

節約可來萬顆珠

开源能引千泓水　节约可来万颗珠

經營得法家家富

管理有條事事通

经营得法家家富　管理有条事事通

財源涌起千重浪

寶地聚来萬兩金

财源涌起千重浪　宝地聚来万两金

礼貌待人人品厚　文明处世世情隆

以三尺櫃檯迎貴賓

待八方顧客如親人

以三尺柜台迎贵宾　待八方顾客如亲人

文明經商熱情常在

笑臉迎客生意興隆

文明经商热情常在　笑脸迎客生意兴隆

買進賣出原本千秋業

送往迎来温暖萬人心

买进卖出原本千秋业　送往迎来温暖万人心

一腔情意拂二月春風

三尺柜台迎四方顾客　一腔情意拂二月春风

鼠无大小名称老　年接尾头岁更新

万千气象开新景　一代风流壮鼠年

牛耕沃野千畦绿　鹊闹红梅万朵红

牛耕碧野千畦秀　人值芳龄百事亨

虎嘯一聲山海動

龍騰三界吉祥来

虎啸一声山海动　龙腾三界吉祥来

虎氣頻催翻舊景

春風浩蕩著新篇

虎气频催翻旧景　春风浩荡著新篇

虎去雄風鎮五岳

兔生瑞氣秀三春

虎去雄风镇五岳　兔生瑞气秀三春

喜对良宵玩玉兔　笑同胜友赏新春

龙岁迎来新世纪　莺歌唱出春光好

燕子雙飛報好音

龙门一跳迎新岁　燕子双飞报好音

靈蛇出洞吐春意

喜鵲登梅報福音

灵蛇出洞吐春意　喜鹊登梅报福音

金蛇起舞春雷动　玉盏飞觞腊酒香

绿水青山迎宝马　红梅白雪送灵蛇

馬馳大道喜迎春

春寓枝头歌唤马　马驰大道喜迎春

駿馬騰飛成壯舉

骏马腾飞成壮举　灵羊起步赴新程

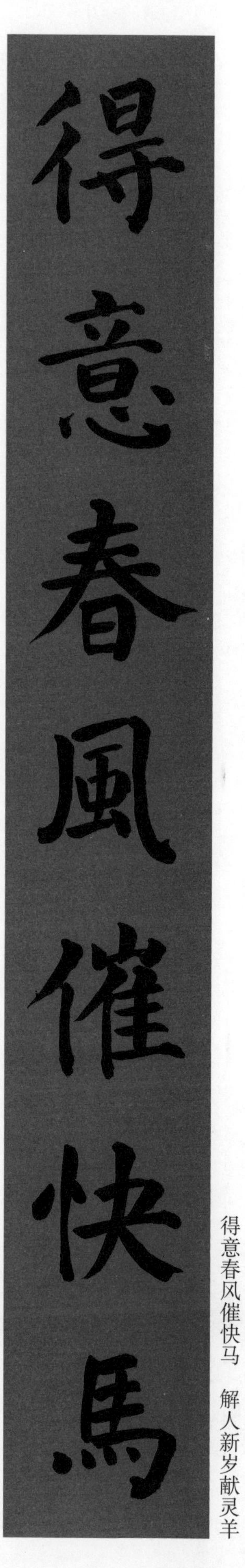

得意春风催快马　解人新岁献灵羊

羊羯回头添如意　猴王振臂保平安

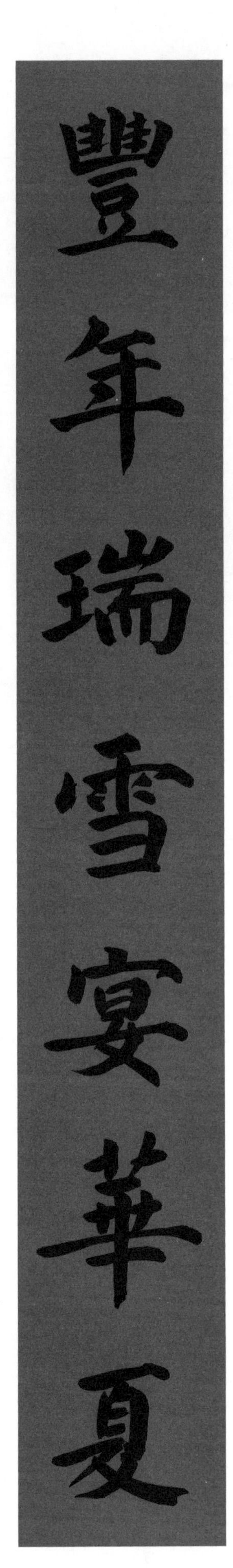

猴歲良宵樂紀元

丰年瑞雪宴华夏　猴岁良宵乐纪元

金鷄唱曉聲盈戶

旭日携春福滿堂

金鸡唱晓声盈户　旭日携春福满堂

春意千家飛紫燕

曉音萬里聽金鷄

春意千家飞紫燕　晓音万里听金鸡

辞旧灵鸡歌日丽　迎新瑞犬报年丰

國泰民安玉犬来

日新月异雄鸡去　国泰民安玉犬来

猪多糧足農家富

子孝孫賢親壽高

猪多粮足农家富　子孝孙贤亲寿高

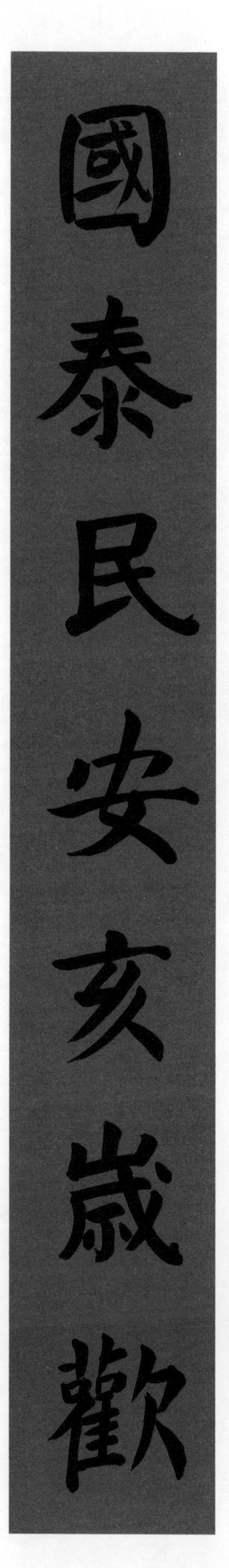

衣丰食足戌年乐　国泰民安亥岁欢

三、春联集萃

春联横批精选

恭贺新春	物华天宝	喜庆丰年	新春吉庆	日暖神州
再创辉煌	招财进宝	紫气东来	诸事顺风	好事临门
五世其昌	宏图再展	桃李争春	阖家欢乐	新春大吉
安定团结	百年树人	安居乐业	百业兴旺	春到万家
百事大吉	春满人间	店堂春满	春色满园	祥临福到
家庭幸福	春意盎然	锦绣前程	福积泰来	日月增辉

常用分类春联精选

通用联

春安夏泰长安泰
秋吉冬祥大吉祥

得意春风开柳眼
无声细雨润花心

春风吹春光明媚
阳光照万物生辉

东风浩荡春光好
红旗招展气象新

此日人同昨日好
今年花胜去年红

春催诗涌一千首
风送梅香百万家

大地春光皆锦绣
满庭花气渐氤氲

春风吹柳千枝绿
时雨浇苗万亩新

春潮滚滚神州暖
碧浪滔滔旭日明

大地春光红艳艳
神州佳节乐陶陶

春动生机龙启蛰
物宜时令鸟催耕

东风和畅歌声朗
紫气蔚然景色新

翠柏苍松兆福寿
金樽檀板庆新春

得意春风邀紫燕
有情时雨润红梅

大地春回春意闹
人间喜至喜心开

大地风和山染翠
蓝田日暖玉生烟

春潮激荡英雄气
天地顿生世纪风

春催桃李千山秀
雨润芝兰万里香

地献粮棉山献宝
民增福寿国增强

东风化雨千山秀
紫燕迎春万象新

翠鸟争鸣春意闹
红梅怒放喜讯传

登梅鹊唱全家福
耀眼花开大地春

点点舒红辞旧岁
条条垂绿祝新春

春风吹绿门前柳
华灯映红窗上花

春潮涌起千江雪
海域探来万斛珠

地领春风花世界
天赠瑞雪玉乾坤

春风吹过阳光绿
山曲唱来稻谷香

大地复苏春似锦
国家昌盛喜盈门

翠竹千枝歌盛世
红梅万点报新春

大地春光红艳艳
神州大地乐陶陶

蝶恋花丛花恋蝶
莺藏柳底柳藏莺

东风化雨山山翠
政策归心处处春

春催大地百花放
人沐朝阳万姓欢

春到处乾坤锦绣
运来时门第生辉

东风吹出千山绿
春雨洒来万象新

春风吹绿千枝柳
时雨催红万树花

翠竹摇风鸣彩凤
红梅映日笑春莺

大地春光花竞秀
神州瑞霭物呈祥

春风吹来春气象
好曲奏出好风光

大地回春果正繁
东风送暖花先发

春催大地春花艳
国展宏图国力强

地献乌金辞富岁
天飘瑞雪兆丰年

大地春回花竞放
新天日出鸟争鸣

东风劲吹人间暖
红日高照大地春

大地回春红艳艳
神州贺岁乐悠悠

东风送暖家家乐
瑞雪迎春处处新

冬雪欲白千里草
春晖又红万丛花

春风荡暖三江水
红日照开万树花

春风吹绿神州地
旭日映红华夏天

大地年年春光好
祖国处处气象新

大地山河添秀丽
高天日月倍光辉

冬去犹留诗意在
春来身入画图中

大地回春花千树
东风送暖果万枝

东风送暖家家暖
瑞雪迎春处处春

春风春雨引春色
新岁新年开新篇

大地时时腾紫瑞
春风处处醉芳菲

春风吹醒千山绿
节日迎来万代红

春风春雨春光好
富乡富水富贵多

大地山河鲜似锦
高天日月丽如虹

春风得意春长在
富水常流富有余

爆竹千声同辞旧岁
梅花一点独报新春

辞旧岁共饮幸福酒
迎新春齐绘吉祥图

比勤赛富千家盈喜
迎春接福万户纳祥

春风春雨春色灿烂
新年新岁新景辉煌

大道通天财源滚滚
高楼拔地笑语声声

春回大地金缕溢彩
喜临人间玉雪迎祥

春满人间百花吐艳
福临小院四季长安

大地回春百花争艳
福满人间气象更新

爆竹送走一穷二白
春风迎来万紫千红

春风春雨引万般春色
新岁新年开一代新篇

东风劲吹山河添喜色
彩灯高挂城乡庆丰收

家有聚宝盆招财进宝
院栽摇钱树致富生财

春临大地盛世家家喜
众奔小康神州处处欢

红梅争艳飞雪迎春到
万象更新新潮逐浪高

春风浩荡江河披锦绣
华夏腾飞苍山映彩霞

辞旧话吉祥年年如意
迎新添喜气岁岁平安

欢度新年家家彩灯艳
喜逢盛世户户春酒香

鸣炮迎春春光盈大地
书联贺喜喜气满神州

爆竹声声喜报前程锦绣
梅花朵朵欢呼万象更新

辞旧岁迎新春抬头见喜
抓良机走好运该我发财

老安少怀家庭和和美美
夫敬妇爱生活蜜蜜甜甜

春风催旧岁华夏百花艳
瑞雪兆丰年神州万象新

开门见喜个个心花怒放
擂鼓迎春人人笑逐颜开

庆丰收仓盈廪满喜洋洋
迎新岁家俭人足乐陶陶

冬去春来锦绣山河放异彩
涛走云飞峥嵘岁月纳同心

冬去春来千条杨柳迎风绿
民安国泰万里山河映日新

福光高照花红柳绿春不老
乐事亨通物阜家丰岁常新

放眼神州心旷神怡歌大有
举目大地山欢水笑倾长春

风和日暖男男女女迎春节
国泰民安户户家家颂太平

风景秀丽五洲好友慕名至
江山多娇四海佳宾接踵来

风和日丽山美水美风光美
年丰物阜人新事新时代新

凤竹清风霞染新色情烈烈
龙梅皎月露沾古画意深深

福降神州万里河山生秀色
春回大地八方黎庶沐朝晖

农家联

农家日月年年好
祖国山河处处新

千村古柳黄莺闹
万户新楼紫燕飞

勤俭生财财路广
科研致富富源长

勤俭持家能致富
辛劳创业好脱贫

齐心合力开富路
跃马扬鞭奔小康

千家爆竹辞旧岁
万户灯火迎新春

千家富裕民安泰
百业兴隆国盛昌

勤俭人家千载富
吉祥门第万年春

渔业联

乘风破浪扬帆去
金甲银鳞满艇归

出海千船迎日出
归程万篓顺风归

春风晓月随流水
小曲轻舟载锦鳞

堤外波光千里碧
船中春色万斤银

工业联

顾大局扬长避短
学英雄振奋建功

添瓦加砖筑大厦
安居乐业住新楼

灯光千家同白昼
银光万里似晴天

锦绣江山添色泽
光明世界增辉煌

经商联

实业人创千秋业
长春花开万里春

经商信用通千国
营业仁风达五洲

老传统名实相符
新店规表里如一

两厢锦绣藏百货
一店春风暖万家

货向万人千户送
门朝四海五湖开

经营不让陶朱富
贸易长存管鲍风

礼貌经商商业旺
文明待客客人多

好生意年年兴旺
大财源时时通达

经济振兴收效果
商肆点缀促繁华

开放一桥驰万马
承包两字富千门

联营商品财源广
起用能人事业兴

生意兴隆通四海
财源茂盛达三江

百业鼎新一团热火
万商云集满面春风

礼貌经商门庭若市
文明待客宾至如归

千流通畅发展经济
百货俱全保障供给

联合经营互惠互利
热情服务全意全心

满面春风喜迎宾至
四时生意全在人为

攘往熙来春光满店
价廉物美顾客盈美

灵活经营财源茂盛
热情服务生意兴隆

内外交流东西咸备
城乡互助南北兼收

三尺柜台张张笑脸
一间商店处处春风

生肖联

（鼠）子夜钟声燃爆竹
鼠年吉语化春联

甲第连云欣发展
子年遍地祝丰收

（牛）春临门户白雪化
福降人间黄牛忙

辞旧迎新除硕鼠
富民强国效勤牛

（虎）虎步奔腾开胜景
春风浩荡展鸿图

丑去寅来人益健
牛奔虎跃春愈新

（兔）虎过关山添活力
兔攀月桂浴春晖

虎年喜结丰收果
兔岁欣开幸福花

（龙）春到人间争虎跃
喜传域外庆龙飞

龙腾盛世千家喜
春满神州万物荣

（蛇）春帖相延新换旧
龙蛇交替瑞呈祥

金蛇狂舞迎新纪
瑞雪纷飞兆好年

（马）春风送暖花千树
骏马扬蹄路万程

春风万里辞蛇岁
笑语千家入马年

（羊）才听骏马踏花去
又见金羊献瑞来

春染红棉迎旭日
羊衔金穗报丰年

（猴）玉羊捷足归栏去
大圣腾云降福来

玉燕迎春春永驻
金猴降福福常存

（鸡）鸟报晴和花报喜
鸡生元宝地生财

喜鹊登枝迎新岁
金鸡起舞报福音

（狗）鸡岁已添几多喜
犬年更上一层楼

鸡声笛韵祥云灿
犬迹梅花瑞雪飞

（猪）戌年引导小康路
亥岁迎来锦绣春

戌岁乘龙立宏志
亥年跃马奔小康

图书在版编目（CIP）数据

新版楷书写春联 / 梁光华主编 . — 南宁 : 广西美术出版社 , 2016.12（2024.4 重印）
ISBN 978-7-5494-1462-8

Ⅰ . ①新… Ⅱ . ①梁… Ⅲ . ①毛笔字—楷书—法帖
Ⅳ . ① J292.33

中国版本图书馆 CIP 数据核字（2016）第 304038 号

新版楷书写春联
XINBAN KAISHU XIE CHUNLIAN

主　　编：梁光华
出 版 人：陈　明
图书策划：杨　勇　黄丽伟
责任编辑：廖　行
助理编辑：黄丽丽
校　　对：张瑞瑶
审　　读：陈小英
责任印制：莫明杰
封面设计：凌　子
版式设计：黎　霖
出版发行：广西美术出版社
地　　址：广西南宁市望园路9号
网　　址：www.gxmscbs.com
印　　刷：广西壮族自治区地质印刷厂
版　　次：2017年8月第1版
印　　次：2024年4月第7次印刷
开　　本：889 mm × 1194 mm　1/16
印　　张：6
字　　数：40千字
书　　号：ISBN 978-7-5494-1462-8
定　　价：28.00元